Annette Nau

# Die Weihnachtsgeschichte

Illustriert von Wolfgang Freitag

Kaufmann Verlag

Es gab eine Zeit, da herrschte der mächtige Kaiser Augustus über das jüdische Land. Unzählige Städte und Dörfer, Seen, Wälder und Felder gehörten zu seinem Reich.Auch die Stadt Nazaret wurde von Kaiser Augustus regiert.
Nazaret war nicht besonders groß, doch den Menschen gefiel es dort. Sie wohnten in kleinen, flachen Häusern, die von Mauern aus Stein umgeben waren. Wenn sie Wasser brauchten, gingen die Menschen zum Brunnen vor der Stadt. Oft blieben sie dann ein Weilchen stehen und schwatzten und lachten mit allen, die sie dort trafen.

In einem der kleinen Häuser in Nazaret wohnten Maria und Josef. Sie hatten einen Garten, in dem allerlei Obst und Gemüse wuchs. Manchmal, wenn Maria Unkraut jätete oder reifes Obst und Gemüse erntete, kam ein kleiner Vogel angeflogen, setzte sich auf den Gartenzaun, zwitscherte und schaute ihr zu.
Doch sobald Josef in seiner Zimmermannswerkstatt anfing zu hämmern und zu hobeln, zu sägen und zu schleifen, flatterte er erschrocken davon. Dann lachte Josef vergnügt und trällerte selbst ein Lied.

Wenn abends alle Arbeit getan war und die Sonne langsam unterging, spazierten Maria und Josef oft hinaus aus der Stadt.
Dann redeten sie von ihrer Hochzeit, die sie bald feiern würden, oder von dem Kind, das in Marias Bauch heranwuchs. Lange würde es nicht mehr dauern, bis das Baby zur Welt kam. Maria und Josef hielten sich bei den Händen, schauten zum Himmel und freuten sich, dass sie einander hatten.

Eines Tages, kurz bevor das Kind geboren werden sollte, kam ein Bote nach Nazaret geritten. Auf dem großen Platz zügelte er sein Pferd und blies in seine Fanfare. Aufgeregt versammelten sich die Bewohner von Nazaret um ihn. Der Bote räusperte sich und verkündete: „Der Kaiser will wissen, wie viele Menschen in seinem Land wohnen. Ein jeder soll in die Stadt gehen, in der er geboren wurde. Dort soll er sich in eine Liste eintragen. Verliert keine Zeit und macht euch noch heute auf den Weg!“

Josef eilte er nach Hause zu Maria, um ihr vom Befehl des Kaisers zu erzählen. Maria erschrak sehr. Nun würde das Kind nicht in Nazaret zur Welt kommen, denn sie mussten nach Betlehem ziehen, in die Stadt, in der Josef geboren worden war. Dem Befehl des Kaisers mussten sie gehorchen. So packten sie ihr Bündel, nahmen ihren Esel und machten sich auf den Weg. Viele Tage wanderten sie auf steinigen Wegen, über Hügel und Berge, bei Sonne und Regen, bis sie eines Abends endlich nach Betlehem kamen.

Auf den Straßen von Betlehem herrschte ein großes Gedränge. Viele Menschen waren in die Stadt gekommen.
„Lass uns eine Herberge suchen“, sagte Maria zu Josef. Beide waren müde von der langen Reise, und Maria spürte, dass ihr Kind bald zur Welt kommen würde. Doch als sie ein Gasthaus gefunden hatten und der Wirt ihnen die Tür öffnete, schüttelte er den Kopf.
„Wir haben keinen Platz mehr für euch.“

An der nächsten und übernächsten Tür erging es ihnen nicht anders. Schließlich war nur noch eine Herberge übrig. Doch auch dort hob der Wirt bedauernd die Hände. Schon wollten Maria und Josef sich umdrehen und gehen, da sagte der Wirt:

„Ich habe einen Stall, in dem steht mein Ochse. Der Stall ist zwar klein, aber es ist warm und das Stroh ist weich. Dort könnt ihr die Nacht über bleiben."
Er nahm eine Lampe und zeigte Maria und Josef den Weg.

Maria und Josef waren dankbar, dass sie die Nacht nicht auf der Straße verbringen mussten.
Josef band ihren Esel neben dem Ochsen an einen Balken und gab ihm Heu zu fressen. Maria breitete eine Decke über das Stroh, legte sich hin und ruhte sich aus.
In dieser Nacht kam das Kind zur Welt. Maria wickelte den kleinen Jungen in eine Windel, denn sie hatte keine Kleider für ihn. Dann legte sie ihn in eine Krippe. Maria und Josef gaben dem Kind den Namen Jesus.

In derselben Nacht waren Hirten in der Nähe von Betlehem und hüteten auf einem Feld ihre Schafe. Die Nacht war klar und am Himmel leuchteten die Sterne. Die Hirten saßen um ein Lagerfeuer und wärmten ihre Hände daran. Alles war still. Die Schafe schliefen und die Hunde hielten Wacht. Doch plötzlich stellten sie ihre Ohren auf und fingen an zu knurren. Auch die Schafe erwachten und wurden unruhig. Furchtsam blickten sich die Hirten um.

Da sahen sie auf einmal ein Licht am Himmel, das heller strahlte als Sonne, Mond und Sterne zusammen. Und in dem Licht schwebte ein Engel. Da fürchteten sich die Hirten sehr. Doch der Engel sprach zu ihnen:
„Fürchtet euch nicht! Ich bringe euch eine frohe Botschaft.
Heute Nacht wurde ein Kind geboren, das die Menschen aus all ihrer Not erretten wird. Macht euch auf nach Betlehem, dort werdet ihr es finden, in Windeln gewickelt und in einer Krippe liegend.“

Als der Engel verschwunden war und es wieder dunkel um die Hirten wurde, schauten sie einander an und sagten:
„Lasst uns nach Betlehem gehen und sehen, was dort geschehen ist!"
Und zusammen mit ihrer Herde und ihren Hunden zogen sie zur Stadt.

Dort fanden sie Maria und Josef im Stall. Und als sie das Kind in der Krippe sahen, erfüllte große Freude ihre Herzen. Glücklich fielen sie vor ihm nieder und beten.

Die Hirten zogen wieder hinaus in die dunkle Nacht, doch in ihren Herzen blieb es hell. Und allen, denen sie begegneten, erzählten sie vom Engel und seiner frohen Botschaft, von Maria und Josef und dem Stall, in dem in dieser Nacht der Retter der Welt geboren worden war. Und alle, die davon hörten, freuten sich und dankten Gott für diese wunderbare Nacht.

*Bibliografische Information Der Deutschen Bibliothek*

Die Deutsche Bibliothek verzeichnet diese Publikation in der Deutschen Nationalbibliografie; detaillierte bibliografische Daten sind im Internet über http://dnb.ddb.de abrufbar.

1. Auflage 2010

Printed and bound by Leo Paper
ISBN 978-3-7806-2772-8